Von Allem etwas

VON ALLEM ETWAS

Gedichte und Gedanken

Paul Hack

Quiet Waters Publications
2023

Copyright © 2023 Paul Hack

Alle Rechte vorbehalten.

Quiet Waters Publications
www.quietwaterspub.com

Zur Umschlaggestaltung wurde mit freundlicher Genehmigung des Künstlers CLAPEKO ein Ausschnitt eines seiner Bilder verwendet.

ISBN 978-1-962698-02-3 (USA)
ISBN 978-3-911124-00-3 (DE)

Auch als Kindle eBook erhältlich.

Internationaler Vertrieb durch Amazon
>US >UK >DE >FR >ES >IT >NL >PL >SE >JP >CA >AU

So verzweigt wie ein Baum, so ist das eben,

so verzweigt ist oft auch unser Leben.

ALLES, WAS ICH KANN 5

ALLEIN ZU HAUS 7

DER DENKER 8

DER DIETER 10

DER GEIST IM NUSSBAUM 13

DER KLEINE WEIHNACHTSMARKT 14

DER TANNENBAUM 17

DIE DROSSEL UND DIE MEISE 19

DIE RENTE 20

EIN HERZ STIRBT NIE 23

EIN TAG AM MEER 25

EIN TRAUERGRUSS 27

FÜR EINE LIEBE FREUNDIN 28

FÜR MEINE MAMA 30

GEBURTSTAGSBRIEF 33

HERZENSGRUSS 35

HEUTE 37

ICH TRÄUMTE 39

LIEBE MAMA 41

MANCHMAL 43

MARLENE 45

MEIN HERZ IST ES 47

NAPOLEON 49

FREUNDE TREFFEN 51

TRAUER 53

VOM ÄLTER WERDEN 55

ZUM FÜNZIGSTEN 57

ZUM SECHZIGSTEN 59

ZUM FÜNFUNDSECHZIGSTEN 61

ZUM SIEBZIGSTEN 63

ZUM ZWEIUNDSIEBZIGSTEN 64

ZUM FÜNFUNDSIEBZIGSTEN 66

ZUR EISERNEN HOCHZEIT 69

ZUR DIAMANTENEN HOCHZEIT 71

ZUM SCHLUSS 75

ALLES, WAS ICH KANN

Alles, was ich kann, mitnichten,
ist ein wenig das zu dichten,
was mein Herz spricht so in mir,
was es sagen will zu Dir,
doch es ist nicht immer gut,
manchmal fehlt mir auch der Mut,
manchmal tu ich´s, manchmal lass ich´s,
manchmal laut und manchmal still,
doch was ich einfach sagen will,
ich kämpfe gerade selbst mit mir,
bin mal fort und wieder hier,
muss mich oftmals überwinden,
um mich irgendwo zu finden.

ALLEIN ZU HAUS

Ich freue mich für meine Süße

und schicke deshalb liebe Grüße.

Ich schicke die Liebe von ganzem Herzen

und das ist gar nicht so zum Scherzen.

Meine Liebesgrüße kommen dann

hoffentlich auch bei Dir an.

Für Dich mein Herz, so wünsche ich,

ist jede Sekunde Erholung für Dich.

Ich küsse Dich, bin ganz gesund,

sehr liebevoll auf Deinen Mund.

DER DENKER

Seit vielen Jahren hast Du immer gewusst,

was der Mensch zum Erfolg so machen muss,

hast lange gebüffelt und hast studiert,

dass das Gelernte funktioniert.

Du hast über deine Frau und die Kinder gewacht,

hast alles getan und alles bewacht;

Du warst in der Familie sicher der Lenker.

Unseren „Herzlichsten Glückwunsch",

Dir Hermann, dem Denker.

Mit Dir, da feiert man tolle Feste,

Du kümmerst Dich auch um alle Gäste

und immer klasse sind für jeden,

Deine Reden.

Damit wir weiterhin von diesen mehr erfahren,

mögest Du in Zukunft noch viel Gesundheit erfahren -

ein Wehwehchen hi und da

kommt mal vor, das ist doch klar.

Die besten Wünsche zum 80. Geburtstag.

DER DIETER

Der Dieter ist, trotz „vorn" der Sieben,
doch für sein Alter jung geblieben.
Er hat sich freudig und ungetrübt
in diesen Tagen noch verliebt.
Drum Hochachtung: Das kann nicht jeder.
Davon erzähl ich gerne später.

Heute wollen wir Dir, lieber Dieter, einmal mehr
zum Geburtstag gratulieren, und das sehr,
weil für Dich, lieber Freund, nur, dass du es weißt,
ein bisschen gratulieren einfach nicht reicht.

Und als Aufmerksamkeit, du sollst an uns denken,
haben wir für Dich etwas gemacht. Es soll Dich gut lenken,
soll Dich stützen und führen auf allen Wegen und Gassen
und Dich nie auf dem Heimweg im Dunkeln lassen.

Das mit der Liebe musst Du selber richten.

Da will ich nix Verkehrtes dichten.

(Dieter hat einen Stock mit Licht bekommen.)

DER GEIST IM NUSSBAUM

In unserem Garten steht ein Baum mit Nuss,
den man gesehen haben muss,
und in dem Baum, man glaubt es kaum,
es fühlt sich an, so wie im Traum,
da wohnt ein Geist, oh Herr erbarme,
der sieht dich an, streckt aus die Arme,
er strengt sich an, will nach dir greifen,
meinen Gedanken beginnen zu entgleisen.
Was will der Geist im Baum da oben,
ganz ruhig bleiben oder toben?
Ich denke, und fange an zu lachen,
der Geist wird überhaupt nichts machen.

DER KLEINE WEIHNACHTSMARKT

Der Tag ist schön, die Stimmung gut,
wir schreiten heute mit frohem Mut
und mit Freunden, die schon leicht betagt,
auf den „Swarovski-Weihnachtsmarkt".

Obwohl Beginn um fünfzehn-dreißig,
sind manche Besucher besonders fleißig:
Die besten Plätze sind weg, ich sag es glei,
denn die Ersten kamen schon um drei.

Es gibt viele Stände und keine Langeweil`,
die „Swarovskis" bieten ihre Ware feil.
Das wärmt die Herzen, ihr lieben Leit,
das meiste entstanden in Handarbeit.

Dann wird es voll, ganz ungelogen,
du wirst an den Ständen vorbeigeschoben,

hast kaum Zeit zum Gucken, so ist es leider,
da schiebt dich der Nächste schon wieder weiter.

Doch da, ein Lichtblick, ich mache einen Satz,
am Glühweinstand, da gibt es grad Platz.
Ich laufe schnell hin, drei Glühwein, mein Wunsch,
doch der ist leer, es gibt nur noch Kinderpunsch.

Nee stimmt nicht, da kommt wer, bringt Nachschub raus,
und alle sind glücklich, dafür gibt es Applaus.

Der Abend ist schön, nach Hause will keener,
mit jedem Glühwein werden die Gäste schöner.
Um Mitternacht ist Schluss, das sei hier gesagt,
war das wieder ein toller Weihnachtsmarkt.

DER TANNENBAUM

Der
Tannenbaum
als das Symbol
der Weihnachtszeit,
so ist das wohl, ist unten
breit und oben länger und
manchmal wird einem bang
und bänger, weil jeder merkt, es
ist so weit. Ein mancher fühlt, ich bin
nicht bereit, dass was jetzt kommt, ich will
es nicht, ich bin darauf gar nicht erpicht. Ich
will einfach nur meine Ruhe haben, an Feingebäck
mich mal erlaben, was wir nicht selbst gebacken haben.
Ich will nicht mehr, ich habe keine Lust, es plagt mich einfach
mal der Frust. Auch dazu hab' ich mal ein Recht.
Ist das nicht auch mal nur gerecht?
Das denke ich schon, denn
dann und wann,
bleibt
unten
auch
nur
noch
der
Stamm.

DIE DROSSEL UND DIE MEISE

Die Drossel sitzt im Rasen drin.
Heute Nacht hat es geregnet.
Sie hat einen Regenwurm im Sinn,
dem sie auch bald begegnet.

Jetzt beißt sie zu, das ist famos,
und zieht, ist ganz besessen,
sie zieht noch mehr, lässt nicht mehr los,
denn der Wurm ist was zum Essen.

Jetzt hat sie ihn und macht sich dran,
den Wurm gleich zu verspeisen.
Das geht nicht nur der Drossel so,
genauso geht's auch Meisen.

DIE RENTE

Der Tag, er naht, die Zeit ist reif:
Ich geh´ in Rente, so ein Sch…,
Nee, stimmt nicht, richtig ist: Ich darf!
Und es macht Freude, macht mich scharf,
für neue Dinge, die da kommen;
ich bin vor Ideen schon ganz benommen,
weiß gar nicht was zuerst ich mache,
ob ich weine oder lache.
Ich glaube, Lachen ist schon gut,
denn wenn man täglich lachen tut,
kommt Frohsinn in Körper und in Seelen
und es wird sicher an nichts mehr fehlen.

Erst mach ich Speckstein, schön und glatt,
so wie man Speckstein gerne hat.
Am liebsten mach ich, ohne zu scherzen,
Schmetterlinge und auch Herzen,

und nicht nur aus Speckstein, das sage ich stolz,

ich kann das Ganze auch in Holz.

Genug gereimt, jetzt kommt die Wende -

mal sehen wie es wird, so in der Rente.

EIN HERZ STIRBT NIE

Wenn Herzen von einander leben,
wenn Herzen sich so herzlich mögen,
wenn Herz an Herz sich so benimmt,
dann ist das Herz dafür bestimmt,
für diesen Menschen, den man liebt,
der alles auf der Welt besiegt,
dann lebt das Herz, weil es so will
und alle anderen sollen still
begreifen, dass das Herz ein Recht
zum Leben hat, und das ist echt.

EIN TAG AM MEER

Der Tag ist noch jung, das Meer ist schon alt,
ich würde gerne darin baden, doch mir ist das Wasser zu kalt.
Und so steh ich am Strand, die nackten Füße im Sand,
warte auf wärmeres Wasser und bin ganz gespannt,
wie lange es dauert. Hab' mich an einen Fels hingekauert,
bis sich die Sonne erbärmt und das Wasser erwärmt.

Ich sitze bis abends, doch es gibt keine Wende,
die Stunden vergehen und der Tag geht zu Ende.
Ich sitze und warte, doch ich merke alsbald,
solange ich auch sitze, das Wasser bleibt kalt.

EIN TRAUERGRUSS

Ein Trauergruß von Herzen gern,
alles andere wäre fern,
weil wir mit Euch in all den Tagen
im Herzen auch die Trauer tragen,
weil uns der Mensch, der mal geboren,
genauso fehlt, wir ihn verloren.
Wir tragen ihn im Herzen weiter,
weil er schon immer ein Begleiter,
ein Freund in unserem Leben war.
Ein Herz stirbt nie und das ist wahr.

FÜR EINE LIEBE FREUNDIN

Wenn eine Frau so jung noch ist,

in ihrem Leben nichts vermisst,

und doch schon 70 Lenze zählt,

mit vielen Dingen sich gequält,

dann ist das ohne wenn und wie,

unsere liebe Rosemarie.

Du bist eine Freundin, wie wir sie nur wünschen.

Und das möchte ich gerne damit begründen:

Du, Rosemarie, warst Jahr für Jahr,

für unser Männerballett auch immer da.

Du bist gekommen aus fernem Land,

nicht angeheiratet und nicht verwandt,

aus Horrenberg, dem Ort von Welt,

was uns im Männerballett sehr gefällt.

Wir möchten Dir einmal herzlich winken,

und jetzt mal einen auf Dich trinken.

PROST

Wehwehchen gibt es Tag für Tag,
das kann man glauben, wenn man mag.
Doch wenn ich Deinen Optimismus seh´,
da tut mir einfach nichts mehr weh.

Wir wünschen Dir alle sou zu sare,
noch viele wunderschöne Jahre,
und bleibe, sonst würde bestimmt was vermisst,
einfach so wie Du jetzt bist.

Alles Gute zu Deinem Geburtstag

Das Männerballett

FÜR MEINE MAMA

Du hast uns geboren, Du warst für uns da,
Du ließest uns nie allein, das war doch klar.
Deine Familie, Deine Kinder, das war immer dein Ziel,
doch im Grunde war es oftmals viel zu viel.

Du wolltest Gemeinsamkeit, Frieden und Glück,
doch zu alle dem fehlte oft ein Stück:
Als wir Kinder schon schliefen, da habt ihr euch gestritten,
wir wussten das nicht, und du hast sehr gelitten.

Du konntest Dich in Deinem Leben nie wirklich entfalten,
Du musstest Dich richten nach dem Willen des „Alten",
und hast Du Dich stark gemacht, für uns empört,
dann hat „ER" das sehr schnell geklärt,
erklärt, was wichtig und was nichtig,
nur was „ER" will, das ist richtig.

Ich erinnere mich an einen Tag, da wolltest Du von uns gehen.
Den Koffer gepackt, an der Haustüre stehend, habe ich dich dort gesehen.
Ich war wie gelähmt, und das nicht allein,
wir, Deine Kinder, konnten es nicht verstehen.
Doch die Verzweiflung trieb Dich da hinein,
Du wolltest nur noch alleine sein.

Und nur für „Uns" hast Du Dich entschieden,
und bist trotz aller Verzweiflung geblieben.

Damals wusste ich nicht, dass Du so gelitten,
hätte man mich gefragt, ich hätte es vielleicht sogar bestritten,
und ich hätte gesagt mit frohem Mut:
„Meiner Mama geht es gut".

Die Wand, die Du versucht hast einzureißen, sie steht noch immer,
doch nur noch nach außen und für den Klemmer -
in Wirklichkeit sind es nur noch Trümmer.

Lass es Dir gut gehen, da wo Du jetzt bist.

GEBURTSTAGSBRIEF

Da Briefe schreiben nur noch selten,
möchten wir uns jetzt mit solchem melden,
um Dir heute herzlich zum Verweilen
unsere Geburtstagsgrüße mitzuteilen.

Wir schicken Dir ganz ohne Scherzen
das Beste, und das von ganzem Herzen.
Mögen Gesundheit und Glück Tag aus Tag ein
auch in der Zukunft Dein Begleiter sein.

HERZENSGRUSS

Nach so vielen Monden und so vielen Tagen

macht es uns Freude Dir heute zu sagen:

Zum Deinem runden Geburtstag Gesundheit und Glück,

ein bisschen davon bringen wir gerne mit.

Ein Herzensgruß von uns soll Dein Leben begleiten

und nicht nur heute, nein in allen kommenden Zeiten,

er soll in Dir wohnen, dort, wo er gebraucht,

und wenn es auch mal brennt, er doch niemals verraucht.

HEUTE

Heute werde ich aus der Ferne
Dich umarmen und das sehr gerne.
Hab mit Freude diesen Reim verfasst,
weil Du ja heute Geburtstag hast.

Ich möchte von Herzen Dir bekunden:
„Die besten Wünsche zu Deinem ‚Runden'",
Dir gratulieren mit einem fernen Kuss,
der bestimmt auch noch lange halten muss.

Denn in den Zeiten von Corona
sind wir uns sicherlich nicht so nah,
dass ich Dir selber dann und wann
den Kuss persönlich bringen kann.

Ich wünsche Dir, das tu ich kund,
vor allen Dingen: Bleib gesund.

ICH TRÄUMTE

Ich träumte einst von Hoffnung sehr,
von Zuversicht und Liebe.
Ich träumte und es fiel so schwer
zu glauben, dass etwas bliebe,
von alle dem, was im Traum ich sah,
was realistisch, greifbar war.

Ich träumte, wollte nicht erwachen,
denn all die wunderschönen Sachen,
so fühlte ich, sie werden verschwinden,
hatte Angst sie nicht mehr wieder zu finden.

Der Traum verflog und ich erwachte,
sah hinaus, ich sah das Licht und dachte:
Von alle dem, was ich oben beschrieben,
ist in meinem Herzen ganz viel geblieben.

Ich träumte.

LIEBE MAMA

Nun ist es schon fünf Jahre her
und es tut weh, Du fehlst so sehr.
Du warst die Rose und die Lilie,
Du warst das Herz unserer Familie.

Wenn es den Ort gibt, von dem man erzählt,
und dort der Platz ist, wo niemals was fehlt,
dann wünsche ich Dir, dass alles passt,
und Du den Ort gefunden hast.

MANCHMAL

Manchmal denke ich über das Leben nach,

manchmal finde ich es schön,

manchmal auch nicht,

manchmal kommt etwas Wunderschönes,

manchmal auch etwas Trauriges,

manchmal suche ich nach Gründen,

manchmal finde ich sie,

manchmal lasse ich es auch zu suchen,

manchmal erklärt sich einiges von selbst,

manchmal auch nicht,

manchmal erlebe ich eine Hilflosigkeit,

manchmal eine Wärme, die nur Freunde und Familie geben können,

manchmal ist die Zeit sich zu besinnen,

etwas „Neues" zu beginnen,

und immer

ist der Weg das Ziel.

MARLENE

Die Welt hat einen Riss bekommen,
noch alle sind wir so sehr benommen.
Wir wissen nicht, wohin wir gehen.
Wir können auch das Ziel nicht sehen.

Doch du wirst sehen, auch wenn jetzt noch nicht,
durch diesen Riss, da fällt ein Licht
und dieses Licht das hat die Macht,
gibt dir zurück die Lebenskraft.

Drum hab Geduld und gib dir Zeit.
Es braucht sehr lange, doch sei bereit,
denn irgendwann, du wirst schon sehen,
kannst du das Licht am Ende sehen.

Mögest du die Ruhe, die Kraft und das Licht bald wieder
dein Eigen nennen.

Du weißt, Du bist nicht allein.

MEIN HERZ IST ES

Mein Herz ist es, was zu mir spricht,

und ein Gefühl, das tut mich plagen,

weshalb ich darauf nicht verzicht',

will es Dir von ganzem Herzen sagen.

Ich liebe Dich.

NAPOLEON

Napoleon, so heißt der Grill;
es ist der Grill, den ich so will,
und dieser Grill ist halt für Kenner,
denn dieser Grill hat auch vier Brenner.

Und außerhalb, was für ein Glück,
noch einen mehr aus Keramik,
und der kann „heiß", wie ich es mag,
locker bis 800 Grad.

Die Wurst so kross, das Steak so zart:
Napoleon grillt, wie ich es mag.
Du fängst beim Grillen an zu singen,
denn der, mein Grill, wird Freude bringen.

Es ist soweit, ich bin jetzt fit,
kommt her, bringt euer Grillgut mit,
und bringt noch gute Laune mit,
euch allen guten Appetit.

FREUNDE TREFFEN

Unter dem Motto „Freunde treffen",

Freude haben, sich besprechen,

Fremde sehen und Bekannte,

manche sind sogar Anverwandte,

mit spannenden Themen sich verweilen,

dies ist der Plan, darum diese Zeilen.

Die musikalische Unterhaltung haben wir alle selbst gewählt,

sodass es an der richtigen Musik heute sicher nicht fehlt.

Gegen den Hunger gibt es Häppchen und Getränke an der Bar,

das kann nur ein toller Tag werden, das ist doch klar.

Den Sponsoren des Tages, die ihr alle kennt,

ein riesiges DANKESCHÖN für dieses schöne Event.

Was nicht nur heute, sondern noch lange Zeit,

ganz sicher in unserer Erinnerung bleibt.

TRAUER

Traurig ist das Leben dann, wenn jemand nicht mehr leben kann,

der dann so wie ihr alle seht, irgendwann aus dem Leben geht.

Die Zeit, die wir auf Erden leben,

sie ist begrenzt, so ist das eben,

und die, die dann zurück noch bleiben,

leiden.

Einen Gruß zum Trost, den möchten wir Dir schenken,

in dieser Zeit sehr an Dich denken.

Sei stark und bleibe auf Deinen Wegen

mit Herz, mit Verstand und mit Gottes Segen!

Die Kraft, die Du so brauchst dafür,

die findest Du genau in Dir.

VOM ÄLTER WERDEN

Wenn Menschen zählen sich zu „Alten":
Die Stirn, die Stirn hat sich zu falten,
der Köper macht, was er so will,
ist mancher froh, dass man ganz still,
am Abend sich zur Ruhe setzt,
man schaltet ab, man lebt im „Jetzt".

Am Morgen steht man auf ganz froh,
die Glieder, ja sie gehen so,
bewegen sich doch noch ein bisschen,
vielleicht langt es noch für ein Küsschen
für den Gatten, der schon wach
Kaffee gekocht, was für eine Sach´.
Der Tag beginnt, wir leben rein,
es kann auch mal ein schöner sein.

Mögen uns noch viele Tage Freude schenken,
doch manchmal muss man auch bedenken,
es ist nicht jeder Tag,
wie man ihn gerne mag.

ZUM FÜNZIGSTEN

Wenn Männer so wie hier auf Erden
zwanglos einfach älter werden,
sich dann auch noch dazu bekennen,
dann können sie sich das auch gönnen,
keiner hat ein Problem damit,
wir sind gesund und bleiben fit.

Die ersten fünfzig sind geschafft,
für die nächsten wir uns aufgerafft.
Das reißt uns niemals mehr vom Hocker,
den „Heesters" schaffen wir doch locker.

In diesem Sinne wünschen wir
das Beste heute und auch hier
zu diesem Geburtstag, der so schön rund.

Bleib wie Du bist und bleib gesund.

ZUM SECHZIGSTEN

Eine Frau wie Du, die mit viel Elan durchs Leben einfach gehen kann,
die weiß, was sie will und was sie kann,
dort kommt es nicht auf Größe an, die man in Zentimeter misst,
das hat im Leben kein Gewicht.

Auch kleine Menschen, diese Tollen, wissen immer was sie wollen,
und wenn sie doch mal zweifeln taten,
dann täten sie es nicht verraten.

Du bist ein Mensch, und das weiß jeder,
ein Herzensweib, das immer steter
Hoffnung in das Leben schaut,
und auf Optimismus baut,
der zielgerichtet schaut nach vorn,
wenn es sein muss über Kimme und Korn.
Brigitte, Du bist eine Frau mit Rasse,
wir finden, „DU" bist einfach klasse.

Zu Deinem „runden" Wiegenfeste
wünschen wir Dir das Allerbeste.

ZUM FÜNFUNDSECHZIGSTEN

Lieber Freund, auch wenn wir

an deinem Fest so weit von Dir,

werden wir heute an Dich denken,

unsere Gedanken zu Dir lenken

und hoffen sehr, Du kannst es spüren,

dass wir Dir herzlich gratulieren.

Ein tolles Fest, so schön wie nie,

heute in der „Galerie",

mit Pizza, Pasta, Bier und Wein,

mit Freunden, ja, so soll es sein.

Auch wir, wir werden jetzt und eben

gerne auf Dich das Glas erheben:

Ein dreifach „Hoch" und einen Toast,

lieber David, zum Wohl und Prost.

ZUM SIEBZIGSTEN

Lieber Freund, es ist ganz witzig:
Man sagt, Du wärest heute siebzig,
ein Rentner rüstig wie noch nie,
mal zwickt es da, mal zwickt es hie,
doch Pessimismus gab es bei Dir nie.

Ein guter Freund, ein Kartenspieler,
am Stammtisch auch noch so ein Lieber,
ein Lebemensch, der grad mal eben,
optimistisch geht durchs Leben.

Mögen Dir Tag aus Tag ein,
noch viele Lenze beschieden sein,
mit Gesundheit und Glück an allen Tagen,
an keinem Tag soll Dich irgendwas plagen.

ZUM ZWEIUNDSIEBZIGSTEN

Uns ist es heute nicht einerlei,
Dir zu überbringen zum Geburtstag Version 7.2,
die besten Wünsche, was uns im Besonderem verbindet,
weil leider alles ganz woanders stattfindet.

Doch trotzdem sind wir gerne da,
wir singen für Dich: „Hipp Hipp Hurra",
wir erheben die Gläser mit Sekt oder Most,
wir trinken auf Dich, alles Gute und Prost.

Als kleines Präsent von jedem der Spender,
bekommst du von uns heute einen Kalender
mit Bildern von Nußloch, er soll dich begleiten
und soll dir in den örtlich so riesigen Weiten
immer zeigen, wo du gerade jetzt bist -
manche Münder behaupten, dass du es manchmal vergisst.

Doch lass dich deshalb nicht aus der Ruhe bringen,
mit diesem Kalender wird dir wieder Vieles gelingen.
Er stimmt dich hoffentlich fröhlich und auch heiter;

bleib wie du bist, mach einfach so weiter.

Es gratuliert dir heute, denn du bist uns nicht Schnuppe,
von ganzem Herzen die Swarovski-Gruppe.

ZUM FÜNFUNDSIEBZIGSTEN

Deine Gedanken und Ideen, die kann man sehen,

nicht alle wird man gleich verstehen,

doch alles, was Du je gemacht,

das strahlt auf uns, die große Kraft,

sie zieht uns an, hält uns im Bann,

das ist Kunst, wer kann, der kann.

Ob Streifen, Linien oder Kreise,

gemalt auf ganz besondere Weise,

auf Leinwand, Holz oder Papier,

steht für CLAPEKO, steht dafür,

dass Rot nicht Rot, weil auf alle Fälle,

das Rot an einer anderen Stelle,

ganz Anderes dann dort bestimmt

einen neuen Platz einnimmt,

und damit, und jetzt ist es raus,

sieht dort das ROT ganz anders aus.

Deine Farben werden Dich immer binden,

sollen immer den richten Platz für Dich finden.

Mögen Dir noch viele Jahre zum Verwirklichen Deiner Gedanken bleiben.

ZUR EISERNEN HOCHZEIT

Wenn Menschen es noch fertigbringen
mit Freude, mit Herz, mit Liebe und Singen,
und auch mal mit Krach, heute kann man es sehen,
so lange durch ein Leben zu gehen,
dann hat doch diese Ehepaarung
viel Erfahrung.

Wir „Jungen" wissen davon nur,
für solches Glück steht „Liebe PUR".
Es geht nur so, ja das weiß jeder,
denn nur wer liebt, der stirbt auch später.

Es gibt nicht viel was dann und wann,
Euch jemals im Leben trennen kann.
Alles liebe zum Hochzeitstag.

ZUR DIAMANTENEN HOCHZEIT

Wenn sich halt in jungen Jahren,

die Geschlechter einmal paaren,

glauben sie, und das nicht prüde,

ja das ist die große Liebe.

Es tut der Mensch, was ihm gefällt,

was auch normal auf dieser Welt:

Man turtelt hier, man turtelt da,

so geht es dann auch Jahr für Jahr.

Zur Heirat man sich dann entschieden,

was man wohl besser doch vermieden.

Und so gibt es im Leben halt auch Sachen,

wo die Menschen denken alles richtig zu machen,

doch sie haben im Leben, so ein Mist,

halt einfach vergessen, was Liebe ist.

„Liebe" heißt Respekt vor dem Andern,
heißt auch, durch das Leben gemeinsam zu wandern,
vor allem heißt es einfach eben,
ich bin nicht allein in meinem Leben.

Das Zauberwort, das heißt „Respekt",
und der sei hier noch mal geweckt.
Doch in den Jahren merkt man dann,
dass man mit Mann nicht richtig kann.

Der drangsaliert, der gibt bloß an,
der will um 12 sein Essen dann,
kommt von der Arbeit um vier nach Haus
und hängt noch den Kaputten raus,
hat schwer geschuftet, die arme Sau,
jetzt kümmere dich, du liebe Frau.

Wenn er 'nen Schnupfen und schwer krank,
du hoffentlich alles hast im Schrank,
und wehe, es fehlt ein Medikament,
du schnell für ihn zum Doktor rennst.
Dann pflege ihn gut und pflege ihn flott,
dass er nicht morgen auch noch tot.

Ein echter Mann weiß, was sich in ihm verbirgt,
und spürt genau, wann er bald stirbt.

Ich möchte es nicht noch mehr ausweiten,
denn es gab doch auch mal schöne Zeiten,
euere Ehe klappt doch richtig gut,
wenn er was sagt, sie sogleich es tut.

„Morgen bring ich ihn um".

ZUM SCHLUSS

Wenn irgendjemand auf dieser Welt,
oder nur auf unserer Erde,
gewollt hätte, dass ich Dichter werde,
dann hätte er mir im Allgemeinen
die Worte gegeben um zu reimen.

Da mir diese großen Worte fehlen,
zum großen Reim tu ich mich so quälen,
ich wünschte, so wie Wolfgang Goethe,
dass ich so wär, der große „Poete".
Großes wollt ich immer dichten,
doch mitnichten.

Stattdessen mache ich kleine Sachen,
die manchen Menschen Freude machen
und so sitze ich hier in meinem Zimmer,
schreibe Zeilen so wie immer,
schreibe sie mit frohem Mut
und stelle fest, es tut oft gut.

Zeile mit Weile

Printed in Poland
by Amazon Fulfillment
Poland Sp. z o.o., Wrocław
08 December 2023

1fa595ba-3d23-4cc4-bed4-81df4be725a1R01